Franz Fischer

Szenen

Franz Fischer

Szenen

Photographien 1971 - 2000

Texte von Elisabeth Einecke-Klövekorn

2007

BOUVIER

ISBN 3-416-03157-1
ISBN 978-3-416-03157-8

Satz und Layout: Bouvier Verlag, Bonn.
Druck und Verarbeitung: Medienhaus Plump, Rheinbreitbach

Inhalt

Vorwort

Unter dem Titel „Autoren-Schauspieler-Szenen" fand im Frühjahr 2006 im Haus der Theatergemeinde Bonn eine Ausstellung mit Schwarz-Weiß-Fotografien von Franz Fischer statt. Sie spiegelten die rheinische Kulturszene der vergangenen drei Jahrzehnte wider mit einem Schwerpunkt auf den 80er Jahren. Auf vielfachen Wunsch wird diese Ausstellung in erweiterter Form mit diesem Katalogbuch dokumentiert.

Franz Fischer war mit seiner Kamera so gut wie immer mit dabei, wenn in Bonn kulturelle Ereignisse stattfanden. Von den 70er Jahren an besuchte er regelmäßig Proben und Gespräche in großen und kleinen Theatern, in der Oper ebenso wie in Kabarett- und Kleinkunstaufführungen oder literarischen Lesungen. Er hielt die Bonner und weit darüber hinaus die deutsche und internationale Kulturszene fest und sammelte einen Schatz an, der -rückblickend betrachtet- von Jahr zu Jahr wertvoller wird. Diese Fotografien sind Dokumente des kulturellen Lebens in den Bonner Jahren, als die Stadt noch Bundeshauptstadt war. Wie reich diese Zeit an kulturellen Begegnungen war, auch das zeigen die Künstlerporträts von Franz Fischer.

Unwiederbringlich vorbei sind die Augenblicke, in denen Friedrich Dürrenmatt in einem Hotelzimmer Tee trinkt, Heiner Müller seine Zigarre raucht oder Ephraim Kishon sich ins Kleine Theater nach Godesberg aufgemacht hat, wo gerade eines seiner Stücke aufgeführt wird. Und man sieht: Ionesco war in Bonn, Ernst Jandl, Wolf Biermann und die Nobelpreisträgerin Elfriede Jelinek ebenso. Man kennt die prominenten Gesichter, doch so natürlich hat man sie eben noch nicht gesehen. Für die schwarz-weißen Foto-Porträts suchte Franz Fischer den richtigen Augenblick, in dem die Künstler sich entspannten, sich fallen ließen und „ganz Mensch" waren.

Wer die Bilder aus den Jahren von 1975 bis 2000 betrachtet, taucht ein in die verflossenen Zeiten der Bonner Oper und des Theaters. Beachtenswert waren nicht nur die großen Häuser. Gisela Pflugradt und Claus Marteau sind im 1969 gegründeten Euro-Theater zu sehen, Anka Zink im Anno Tubac. Und da sind Helmut Tromm und Heidi Scholz-Tromm, die das Theater der Jugend gründeten. „Davon habe ich Tausende von Aufnahmen", sagt Franz Fischer, der auch für das Theater der Jugend „Aushangfotos" gemacht hat.

Es sind virtuos gestaltete Porträts, in denen die Intuition des Fotografen und eine souverän ausgefeilte Technik zusammentrafen, verifiziert durch ein Klick in der richtigen Sekunde. Was Franz Fischer anstrebte, ist ungestellte Lebendigkeit im Ausdruck. Oft merkte sein Gegenüber gar nicht, was passiert war.

„Reportagefotografie" nennt er diese Bilder bescheiden. Es geht ihm nicht um gesuchte Posen oder um eine Selbstinszenierung, die zu vermeiden bei Schauspielern und Persönlichkeiten im öffentlichen Leben gar nicht einmal so einfach ist.

Der 1937 in Walsrode geborene und in Essen aufgewachsene Franz Fischer ist Fotograf aus Leidenschaft. Als Sechzehnjähriger bekam er seine erste Kamera, eine Voigtländer 6 x 9 Rollfilmkamera und er machte sich in Essen auf Motivsuche. Er wollte eigentlich immer Industriefotograf werden, doch dann machte er nach dem Abitur eine Ausbildung zum Diplom-Finanzwirt und arbeitete in diesem Brotberuf in einem Bonner Ministerium. Seine frühen Bilder vom Ruhrgebiet, in dem die Schlote noch qualmen und die Dampfschiffe mit voller Kraft unterwegs sind, befinden sich bereits im Ruhrlandmuseum in Essen. Als er im Essener Amerikahaus die Ausstellung von Edward Steichen „The Family of Man" sieht, ist er zutiefst beeindruckt: „Die Ausstellung zeigte die Gesichter der Menschen, das Miterleben von Leid, Armut, Freude, Trauer, Schmerz, Gefühlen. Hier wurde sichtbar, dass es wichtiger ist, Bilder von Menschen festzuhalten in all ihren Reaktionen als in der Dunkelkammer mit Lichtpendeln grafische Effekte auf dem Fotopapier zu erzeugen". Diese großartige Ausstellung, die 2003 in das World Register der Unesco aufgenommen wurde, sollte aber (damals in der Nachkriegszeit) auch zeigen, dass allen Menschen die gleiche humane Würde zukommt. Und eben diese Idee einer demokratischen Gleichheit ist es, die Franz Fischer zu seiner unprätentiösen, nicht gestellten „Reportagefotografie" geführt hat, wo nichts inszeniert und überhöht wird.

Von den 70er Jahren an wandte sich Fischer der Bonner Kulturszene zu und gehörte bald zu den wichtigsten Kunst- und Kulturfotografen der Stadt. Regelmäßig hat er aber auch für den Galeristen Erhard Klein gearbeitet und dort 1984 eine Einzelausstellung gezeigt. Hier fotografierte er die bildenden Künstler samt ihren Happenings in der Fluxus-Zeit. Sein umfangreiches Beuys-Foto-Archiv wartet noch auf eine Aufarbeitung.

Lange arbeitete Franz Fischer ausschließlich in Schwarz-Weiß und fertigte in der Dunkelkammer Handabzüge von den Negativen an. In seine Spiegelreflexkamera legte er hochempfindliche Filme ein, so dass er selten Blitzlicht brauchte. Die Fotos seiner Theaterszenen entstanden zumeist während der Proben. Heute noch sind seine Vintage-Prints, die er vor

20, 30 Jahren auf Barytpapier abgezogen hat, von makelloser Schönheit. Sie sind heute schon Zeugnisse aus der Geschichte der Fotografie, die sich erst mit der Farbfotografie, dann mit der Digitalisierung völlig verändert hat. Seit 1984 ist Franz Fischer berufenes Mitglied in der Deutschen Gesellschaft für Photographie (DGPh).

Da er auch als Fotograf für Tages- und Kunstzeitungen arbeitet, musste er zur Farbfotografie übergehen. „Die Welt ist farbig geworden, die Medien haben sich umgestellt, und man muss mitmachen", sagte er und beschloss im Jahre 2000 zur digitalen Fotografie überzugehen. Da er aber keinen Computer, sondern nur einen transportablen CD-Brenner benutzt, werden seine Bilder auch heute nicht digital bearbeitet, nicht einmal beschnitten oder vergrößert und schon gar nicht aufgehellt oder in den Farben manipuliert.

Wie viele Aufnahmen Franz Fischer von der kulturellen Szene in Bonn gemacht hat? Es lässt sich nicht sagen. Nur soviel: Es gibt mehrere Schränke mit Hängeregistratur und Regale mit Leitz-Ordnern voller Negative. Darin ist eine wertvolle, einzigartige Chronik des Bonner Kulturlebens verborgen.

Heidrun Wirth

Theatermacher

Autoren, Spieler, Traumtänzer, Intendanten

Friedrich Dürrenmatt im Hotel Königshof 1989

Der wichtigste Schweizer Dramatiker **Friedrich Dürrenmatt**
(1921 – 1990) schrieb so berühmte Bühnenklassiker wie *Der
Besuch der alten Dame* (1956) oder *Die Physiker* (1962),
die zu den erfolgreichsten Theaterstücken des 20.Jahrhun-
derts gehören. Die Komödie begriff er als „Ausdruck einer
letzten geistigen Freiheit" und das Groteske als „eine der
großen Möglichkeiten, genau zu sein". Neben zahlreichen
anderen Auszeichnungen erhielt er 1989 in der Bonner Universität den Ernst-Robert-Curtius-Preis für Essayistik.

Eugène Ionesco 1987 bei einem Gespräch im Bahnhof Rolandseck.

Der in Rumänien geborene Begründer des absurden Theaters **Eugène Ionesco** (1909 – 1994) verbrachte die meiste Zeit seines Lebens in Paris. Dort wurde 1950 sein erstes Stück *Die kahle Sängerin* uraufgeführt und wider Erwarten eines der meistgespielten Dramen des 20. Jahrhunderts. Seine Bonner Premiere erlebte das Anti-Theaterstück 1967 im Contra-Kreis-Theater. Beeinflusst von der existenzialistischen Philosophie Jean-Paul Sartres steigerte Ionesco in seinen raffinierten Sprachspielen die sinnlose Banalität des Alltags ins Monströse. In *Die Nashörner* (uraufgeführt 1959 in Düsseldorf) und mehreren anderen Werken rückte er die grotesken Massenwirkungen der ideologischen Verblendung in den Blick

11

Hanne Hiob 1988

Die Schauspielerin **Hanne Hiob** (*1923) verkörperte viele große Rollen in den Stücken ihres Vaters Bertolt Brecht. Sie wuchs bei ihrer Mutter auf, der Opernsängerin Marianne Zoff, die 1928 den Schauspieler Theo Lingen heiratete. Nach zahlreichen Bühnenerfolgen zog sich Hanne Hiob 1976 vom etablierten Theaterbetrieb zurück und reiste seitdem mit politisch-literarischen Programmen durch ganz Deutschland. Ihr pazifistisch-antifaschistischer „Anachronistischer Zug" nach einem Gedicht von Brecht startete 1979 in Bonn – anlässlich der dort tagenden Bundesversammlung, die Carl Carstens zum Bundespräsidenten wählte. 2005 wurde Hanne Hiob für ihr unermüdliches Engagement mit dem Aachener Friedenspreis ausgezeichnet.

Rolf Hochhut vor einer Lesung im November 1996

Für den gleichermaßen streitbaren wie umstrittenen Autor **Rolf Hochhuth** (*1931) ist und bleibt das Theater eine „moralische Anstalt"
in der Tradition Friedrich Schillers. Sein 1963 in Berlin uraufgeführtes erstes Stück *Der Stellvertreter* über das Schweigen des Vatikans
gegenüber dem Holocaust war nicht nur einer der größten ‚Skandalerfolge' des bundesdeutschen Nachkriegstheaters, sondern löste
auch eine Welle von politisch-historischen Dokumentardramen aus. Seine Kritik an den Folgen der deutschen Wiedervereinigung in
Wessis in Weimar wurde 1993 ebenso zwiespältig aufgenommen wie sein 1996 gewonnener juristischer Kampf um die Eigentümer-
rechte an dem Gebäude des von Bertolt Brecht gegründeten Berliner Ensembles.

Heiner Müller, Oktober 1988

Selten ohne seine Davidoff: **Heiner Müller** (1929 – 1995) war einer der faszinierendsten deutschen Dramatiker und Regisseure der zweiten Hälfte des 20.Jahrhunderts. Seine literarisch komplexen Stücke fanden weltweit Beachtung. Seine Heimat war die DDR, die ihn Anfang der 60er Jahre aus ihrem Schriftstellerverband ausschloss, aber 1988 kurz vor ihrem Ende wieder aufnahm und mit Ehrungen überhäufte. Der skeptische Weltbürger und hartnäckige Kritiker aller bürgerlichen Aufklärungsversuche war ein intellektueller Grenzgänger zwischen Ost und West. Was er schrieb und inszenierte, handelte stets von zerrissenen Menschen in einer widersprüchlichen Zeit. Zu seinen letzten großen Regiearbeiten gehörte 1994 Wagners Oper *Tristan und Isolde* in Bayreuth.

Elfriede Jelinek 1989

In ihrer Heimat Österreich wurde die Schriftstellerin **Elfriede Jelinek** (*1946) von der konservativen Presse mit Schmähungen überhäuft. 2004 erhielt sie den Literaturnobelpreis. Sie provoziert mit ihren radikalen politischen Ansichten und schockiert mit ihren drastischen Darstellungen von Sexualität und Gewalt. Mit den Romanen *Die Klavierspielerin* (1983) und *Lust* (1989) machte sie als Erzählerin international auf sich aufmerksam. Ihre Karriere als bedeutendste Bühnenautorin der Gegenwart begann in Bonn, wo in den 80er Jahren drei ihrer frühen Stücke uraufgeführt wurden. Ihre Theaterstücke sind vielschichtige Textcollagen und Sprachexperimente von oft grimmigem Humor.

Will Quadflieg
9. April 1990

Der Schauspieler **Will Quadflieg** (1914-–2003) war einer der großen Sprachgestalter im deutschen Theater des 20. Jahrhunderts und prägte es mit seiner unverwechselbaren Persönlichkeit und Stimme. 1933 debütierte er in seiner Heimatstadt Oberhausen. Zahllose große Rollen führten ihn an alle renommierten deutschsprachigen Bühnen. Einem internationalen Publikum bekannt wurde er in der Titelrolle von Goethes Faust in der Regie von Gustaf Gründgens und vor allem durch die Verfilmung 1960 mit Gründgens als Mephisto. Von 1983 bis zu seinem Tod war er Ensemble-Mitglied des Hamburger Thalia Theaters. Er war das Vorbild für den Star-Mimen Karl Joseph in Botho Strauß' Stück *Besucher* und spielte diese Rolle auch in Jürgen Flimms Hamburger Inszenierung 1989. Als grandioser Rezitator der Gedichte von Goethe und Hölderlin war er in den 70er Jahren mehrfach zu Gast im Bonner Euro Theater Central.

Marianne Hoppe
liest im Bahnhof Rolandseck
9. Juni 1995

Als „preußische Duse" und „letzte Königin" des deutschen Theaters wurde die Schauspielerin **Marianne Hoppe** (1909 – 2002) gern bezeichnet. Sie verkörperte auf der Bühne wie im Leben einen spröden, sachlich-modernen Frauentyp. Während des Dritten Reiches stieg sie zum Filmstar auf. Von 1936 bis 1946 war sie verheiratet mit Gustaf Gründgens, mit dem sie trotz seiner Homosexualität und ihrer bisexuellen Neigungen menschlich und künstlerisch bis zu dessen Tod 1963 eng verbunden blieb. In den 70er Jahren spielte sie die Hauptrollen in mehreren Uraufführungen von Stücken des mit ihr befreundeten österreichischen Dichters Thomas Bernhard und 1994 am Berliner Ensemble die Marquise de Merteuil in Heiner Müllers eigener Inszenierung seines Stückes *Quartett*. Mit ihrem zurückhaltenden, selbstkritischen Charme war sie nicht nur eine der größten Charakterdarstellerinnen des 20. Jahrhunderts, sondern auch eine faszinierende Gestalterin poetischer Texte.

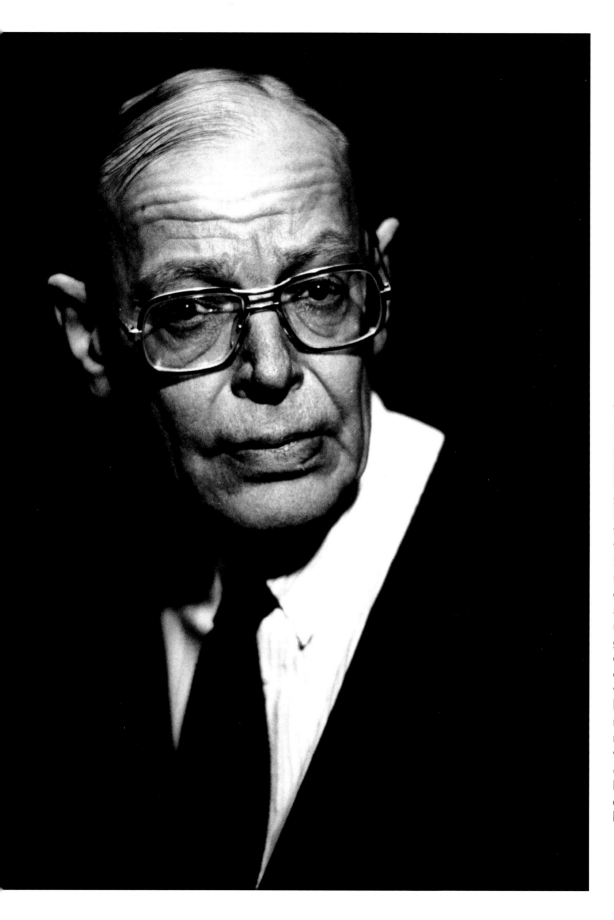

Werner Tübke 1993..

Der Maler und Graphiker **Werner Tübke** (1929 – 2004) gehörte zu den herausragenden Künstlerpersönlichkeiten der DDR und war einer der Hauptvertreter der ‚Leipziger Schule'. Seine monumentalen Historienbilder unterliefen den sozialistischen Realismus durch einen magischen Manierismus, der sich aller Stilmittel der Kunstgeschichte von Hieronymus Bosch bis zum Expressionismus bediente. Populär machte ihn sein Hauptwerk, das riesige *Bauernkriegspanorama* in Bad Frankenhausen, an dem er von 1976 bis 1987 arbeitete.

18

...und sein Bühnenbild zum „Freischütz"

Für seine Inszenierung von Carl Maria von Webers *Freischütz* 1993 beauftragte der damalige Bonner Opernintendant Gian-Carlo del Monaco den berühmten Künstler Werner Tübke mit der Gestaltung des Bühnenbildes und der Kostüme. Die langsam im Hintergrund vorbeiziehenden Prospekte wurden Tübkes – vom Material her gesehen – zweitgrößte Arbeit überhaupt. Allein die Wolfsschlucht verbrauchte 45 Meter Leinwand bei voller Bühnenhöhe. Auch wenn del Monacos kritisch psychologische, Tübkes sozialkritische und Webers romantische Ironie sich nicht immer genau trafen, wurde das Ganze ein Opernereignis.

19

Carmen Renate Köper und Peter Eschberg bei dessen Verabschiedung 1991

Der Wiener Schauspieler und Regisseur **Peter Eschberg** (*1936) gehörte längst zur deutschen Theaterelite, bevor er von 1981 bis 1991 die Leitung des Bonner Schauspiels übernahm. In diese Zeit fielen nicht nur die durch einen Bühnenbrand im Großen Haus am Rheinufer erzwungene Eroberung der Halle Beuel 1984, die sich im Rückblick als Glücksfall erwies, und der Umbau der Kammerspiele Bad Godesberg vom Kino zum voll funktionsfähigen Schauspielhaus 1986. Vor allem gelang es Eschberg mit legendären Entdeckungen neuer oder fast vergessener Autoren, zahlreichen Uraufführungen und politisch widerständigen Neuinterpretationen von Klassikern, das Bonner Schauspiel qualitativ auf Hauptstadtniveau zu bringen und gleichzeitig ein jüngeres Publikum zu gewinnen. Aus Bonn verabschiedete er sich in der Titelrolle von Arthur Schnitzlers *Professor Bernhardi*. Von 1991 bis 2001 war er Intendant des Schauspiels Frankfurt am Main. Seine Frau, die Schauspielerin **Carmen-Renate Köper** (*1927), war in den 80er Jahren in vielen Bonner Aufführungen zu sehen.

David Mouchtar-Samorai 1995

Der in Bagdad geborene, in Israel und Großbritannien aufgewachsene Regisseur **David Mouchtar-Samorai** (*1942) inszeniert an vielen deutschsprachigen Bühnen. Seit 1986 arbeitete er immer wieder mit großem Erfolg am Bonner Schauspiel und auch an der Oper. Seine Inszenierung von Arthur Millers *Der große Knall* 1995 in der Werkstatt wurde 1996 zum Berliner Theatertreffen eingeladen.

Max von Sydow 1992

Der schwedische Schauspieler **Max von Sydow** (*1929) wurde vor allem bekannt durch seine großen Rollen in den Filmen von Ingmar Bergman, aber auch als Star vieler amerikanischer Kinoproduktionen. In der Uraufführung von *Und gib uns die Schatten* des schwedischen Dramatikers Lars Norén am Königlichen Dramatischen Theater Stockholm spielte er die Hauptrolle, den amerikanischen Autor Eugene O'Neill. Diese Produktion eröffnete 1992 die erste Bonner Biennale.

Gian-Carlo del Monaco 1990

Der Italiener **Gian-Carlo del Monaco** (*1943) war von 1992 bis 1997 Intendant der Bonner Oper. Der Sohn des berühmten Tenors Mario del Monaco und international hoch angesehene Opernregisseur wurde 1990 von der Stadt Bonn bei einer Zwischenlandung auf dem Köln/Bonner Flughafen engagiert. 1991 debütierte er an der New Yorker Metropolitan Opera, wo er später noch öfter inszenierte, mit Puccinis *La fanciulla del West*. In Bonn glänzte er mit vielen eigenen Regiearbeiten, war aber gleichzeitig auch gern in der weiten Opernwelt unterwegs. Von 1997 bis 2001 leitete er die Oper in Nizza.

22

Manfred Beilharz 1990

Der promovierte Jurist und Theaterwissenschaftler **Manfred Beilharz** (*1938) war von 1992 bis 1997 Intendant des Bonner Schauspiels, danach bis 2002 Generalintendant des Theaters Bonn. Beilharz inszenierte dort eher selten, holte aber viele wichtige Regisseure und Künstler nach Bonn. 1992 gründete er zusammen mit Tankred Dorst die „Bonner Biennale" für zeitgenössische europäische Dramatik, die rasch zu einem einzigartigen Treffpunkt wurde und zur Entdeckung zahlreicher neuer Talente führte. Die Ballettsparte ersetzte er 1997 durch das moderne Choreographische Theater von Pavel Mikuláštik. Seit 2002 ist er Generalintendant in Wiesbaden und Präsident des Internationalen Theaterinstituts.

Jochem von Uslar und Jean-Claude Riber mit der Theaterfotografin **Gudrun Webel** vor deren Szenenfotos 5. November 1988

Hans-Jochem Freiherr von Uslar-Gleichen (*1936) war von 1983 bis 2001 Kulturdezernent der Stadt Bonn. In dieser Zeit entstand nicht nur die Museumsmeile, sondern auch das Theater erreichte bundes(haupt)städtisches Niveau.

Der Elsässer **Jean-Claude Riber** (*1936) war von 1981 bis 1986 Generalintendant der städtischen Bühnen und bis 1992 Intendant der Oper Bonn. Der international angesehene Regisseur und erfahrene Theaterleiter inszenierte viel und erfolgreich, engagierte Gesangsstars aus aller Welt und machte sein Haus zur strahlenden „Scala am Rhein". Und schrieb als gelernter Betriebswissenschaftler auch noch schwarze Zahlen…

Tankred Dorst, Ursula Ehler und Viktor Slawkin 1992 bei der ersten Bonner Biennale

Der bekannte russische Dramatiker **Viktor Slawkin** (*1935) war regelmäßig Biennale-‚Pate'. **Tankred Dorst** (*1925), einer der wichtigsten und produktivsten deutschen Dramatiker und seine Frau **Ursula Ehler** spürten zwischen 1992 und 2002 für die Bonner Biennale neue Stücke und Inszenierungen auf.

Gisela Pflugradt und Claus Marteau bei ihrer Veranstaltung Eurotopia 1988

Gisela Pflugradt (*1945) war seit 1963 Ensemble-Mitglied und seit 1965 Solotänzerin im Ballett der Bonner Oper, als sie 1969 gemeinsam mit ihrem späteren Mann, dem Regisseur **Claus Marteau** (1927 – 1995), das Euro Theater Central gründete – damals noch ohne feste Spielstätte. 1972 bezog dieses literarisch anspruchsvolle Theater seine heutigen Räume mit knapp 50 Plätzen am Mauspfad und wurde zum internationalen intellektuellen Treffpunkt mit vielen Ur- und Erstaufführungen. Sartres *Geschlossene Gesellschaft* steht dort in einer Inszenierung von Claus Marteau seit 1980 auf dem Spielplan und erlebte inzwischen weit mehr als 800 Vorstellungen. Gisela Pflugradt war als Tänzerin und später als Assistentin der Ballettdirektion noch bis 1992 an der Bonner Oper engagiert. Seit 1995 leitet sie das Euro Theater Central und erweiterte seine vielen Kontakte über die verschiedenen Europa-Programme hinaus bis nach Pakistan. 2003 erhielt das Euro Theater Central die Europa-Medaille der EU.

25

Frank Heuel, Oktober 1993

Der Schauspieler und Regisseur **Frank Heuel** (*1960) gründete 1987 die freie Theatergruppe „Jubiläumsensemble" (benannt nach dem Stück *Jubiläum* von George Tabori), das 1993 von der Beueler Tapetenfabrik in das Endenicher Theater im Ballsaal umzog und seit 1999 unter dem Namen „fringe ensemble" über die Grenzen Bonns hinaus Aufsehen erregt. Frank Heuel war von 2000 bis 2002 künstlerischer Leiter des Festivals „Theaterzwang" der Freien Szene NRW und wurde mit seinen Produktionen vielfach ausgezeichnet.

Katinka Hoffmann und Horst Johanning in *Schöne Familie* 1989

Die beliebte Schauspielerin **Katinka Hoffmann spielte** 1952 zum ersten Mal in einer Inszenierung ihres Vaters Kurt Hoffmann, der das Bonner Contra-Kreis-Theater zu einem angesehenen Ort für zeitgenössische, anspruchsvolle Dramatik machte. Nach seinem frühen Tod 1964 trat sie in seine Fußstapfen, wobei ihr bald schon der Regisseur und Schauspieler **Horst Johanning** (*1942) zur Seite stand. Seit 1980 sind Katinka Hoffmann und Horst Johanning künstlerische Leiter des in einem Keller unmittelbar neben dem Universitäts-Hauptgebäude residierenden Contra-Kreises, einem der renommiertesten Boulevardtheater im ganzen deutschsprachigen Raum. Johanning entschied sich nach der Uraufführung von Pierre Chesnots Komödie *Schöne Familie*, die er 1989 auch inszenierte, für die Regie und seine Aufgaben als Vizepräsident des Deutschen Bühnenvereins.

Heidi Scholz-Tromm in *Voll auf der Rolle* September 1992

Die Schauspielerin **Heidi Scholz-Tromm** (1941 – 2005) begann ihre Karriere 1958 am Kleinen Theater ihres ersten Mannes Walter Ullrich und gründete 1969 mit ihrem zweiten Mann Helmut Tromm das Theater der Jugend, das seit 1994 Junges Theater Bonn heißt. Sie spielte dort weit über 100 Rollen in Märchen, Kinderstücken, Klassikern und am liebsten in zeitgenössischen Dramen. Das kritische Jugendstück *Voll auf der Rolle* von Leonie Ossowski inszenierte Helmut Tromm 1987 und 1992.

Helmut Tromm in *Die Polizei* 1981

Der Schauspieler und Regisseur **Helmut Tromm** (*1922) holte 1969, als das Kindertheater sich von den braven Weihnachtsmärchen verabschiedete, den aufmüpfigen neuen „Grips" von Berlin nach Bonn und gründete das Theater der Jugend, das 1979 seine heutigen Räume in einem ehemaligen Kino an der Beueler Hermannstraße bezog. Dort spielte er auch in der Satire *Die Polizei* des polnischen Autors Slawomir Mrożek. Tromms „Bonner Modell", die jugendlichen Rollen mit gleichaltrigen Darstellern zu besetzen, machte Schule. Helmut Tromm, der Generationen von Zuschauern erste Theatererlebnisse vermittelte, zog sich kurz vor seinem 80. Geburtstag von der Bühne zurück

28

Walter Ullrich 2000

Er ist der am längsten amtierende Intendant Deutschlands: **Walter Ullrich** (*1931) gründete 1958 in einem Keller an der Bad Godesberger Ubierstraße das Kleine Theater und eroberte sich 1969 dessen heutige Spielstätte, das ehemalige Bürgermeisteramt am Stadtpark. Damals hatte er schon in über 100 Filmen mitgewirkt und holte viele ehemalige Ufa-Stars an sein Theater. Er ist auch Regisseur und Stückeschreiber. 2005 feierte er sein offizielles 60jähriges Bühnenjubiläum als Schauspieler. Tatsächlich stand der Sohn einer Theaterfamilie aber schon auf der Bühne, als er gerade laufen konnte. 1979 übernahm er die Intendanz der Landesbühne Rheinland-Pfalz und des Schlosstheaters Neuwied.

Youri Vamos und das Ballett der Oper Bonn

Der ungarische Tänzer und Choreograf **Youri Vamos** war von 1988 bis 1991 Ballettdirektor in Bonn, begeisterte das Publikum mit eigenwilligen Interpretationen bekannter Tanzklassiker und interessanten neuen Werken. 1991 übernahm er die Leitung des Baseler Balletts; seit 1996 ist er Direktor des Balletts der Deutschen Oper am Rhein in Düsseldorf/Duisburg.

31

Gilles Cochinaire

Der französische Tänzer **Gilles Cochinaire** (1957 – 1995) war der – leider allzu schnell verglühte – absolute Star des Bonner Balletts: Einer der ganz seltenen edlen, künstlerisch kompromisslosen Charaktertänzer, die Kraft und Seele zu einer klassischen Einheit verschmolzen.

Die Raben: Renate Brüne und Hans Dieter Ilgner

Hans-Dieter Ilgner (*1949) gründete 1980 mit seiner Frau **Renate Brüne** das freie Theater „Die Raben", das als Mimentheater neue körperliche Ausdrucksformen erprobte und später auch mit dem literarischen Theater experimentierte. Die „Raben" haben ihre Studio in der Beueler Tapetenfabrik.

Kabarett

Poeten, Sänger, Komödianten, große Kleinkünstler

Rheinisches Urgestein aus Sachsen und Italien: Karin Hempel-Soos und Konrad Beikircher

Wenn immer in der Bonner Kulturpolitik etwas schief zu laufen droht, erhebt die Poetin und hellsichtige Pythia **Karin Hempel-Soos** (*1939 in Dresden) mit permanenter Penetranz ihr Medusenhaupt, was die versteinerten Kerle regelmäßig so auf die Palme bringt, dass was dabei rumspringt (Pegasus folgt auf S. 42). Karin Hempel-Soos war u. a. Kabarettistin, Sängerin, Gewerkschafterin, SPD-Landtagsabgeordnete, frauenbewegte selbsternannte Erste Männerbeauftragte und ist die spitzzüngige Sprecherin des Bonner Kulturrats.
Der Kabarettist und Sänger **Konrad Beikircher** (*1945 in Südtirol) pflegt Gartenzwerge allenfalls, wenn er nicht gerade *Una festa sui prati* feiert und besingt. Von 1971 bis 1986 war er Gefängnispsychologe in Siegburg. Seine Bühnenkarriere begann bei den „Springmäusen", inzwischen füllt er ganze Opernhäuser. Er ist auch ein begeisterter Musikfan. Davon zeugen seine Konzert- und Opernführer mit so hinreißenden Titeln wie *Andante spumante* oder *Palazzo Bajazzo*.

Hans Dieter Hüsch
Dezember 1990
Der Schriftsteller, Lie-
dermacher, Radio- und
Fernsehstar **Hanns Dieter
Hüsch** (1925 – 2005)
war der erfolgreichste literarische Kabarettist Deutschlands. „Das schwarze
Schaf vom Niederrhein"
schuf über 70 Program-
me und mit dem ewig
nörgelnden „Hagenbuch"
eine der beliebtesten Ka-
barett-Kunstfiguren. Im
Bonner „Pantheon" am
Bundeskanzlerplatz war
er regelmäßig zu Gast.
Neben zahllosen Aus-
zeichnungen erhielt er
dort den 1999 erstmals
vergebenen Kabarett-
Oscar.
35

Bill Mockridge 1987

Der Schauspieler und Kabarettist **Bill Mockridge** (*1947) wurde in Kanada geboren und lebt seit 1970 in Deutschland. Er spielte u.a. am Bonner Stadttheater und gründete 1983 das erste deutsche Improvisationstheater „Springmaus", das anfangs in der Kneipe Anno Tubac residierte und 1985 in einen Keller an der Oxfordstraße umzog. 1987 trat der damals schon sehr berühmte Kabarettist Hanns Dieter Hüsch zum ersten Mal im Haus der Springmaus auf, das unter der Leitung von Andreas Etienne rasch zu einer der bekanntesten Kleinkunstbühnen in Deutschland aufstieg. 1993 zogen die Springmäuse in ihr heutiges Domizil in Endenich. Bill Mockridge ist außerdem seit 1991 Erich Schiller in der ARD-Serie *Lindenstraße*.

36

Matthias Richling 1993

Der Autor und Schauspieler **Mathias Richling** (* 1953) macht we-
nig Lärm um vieles und gehört längst zur deutschen Kabarett-Elite.
Er schlüpft gern in die Rolle bekannter Persönlichkeiten, vor allem
in die von Politikern. Seine intellektuelle Scharfzüngigkeit wurde
gleich zwei Mal (1979 und 1987) mit den Deutschen Kleinkunst-
preis belohnt. Von den Bonner Kabarett-Bühnen ist er nicht mehr
wegzudenken und regelmäßig auch im Fernsehen zu sehen.

Norbert Alich und Rainer Pause

Die alternative Karnevalssitzung *Pink Punk Pantheon* gibt es bereits seit 1983. Zur absoluten Kultveranstaltung weit über Bonn hinaus wurde sie, als Fritz Litzmann (Pause) und Hermann Schwaderlappen (Alich) das Präsidium übernahmen. Die Geburtsstunde des Duos schlug 1990 im Bonner Pantheon-Theater, das der Schauspieler und Regisseur **Rainer Pause** (*1947) zusammen mit Rita Baus 1987 gegründet hatte. Viele große Kabarettkarieren begannen dort. Rainer Pause tritt ebenso wie der Schauspieler und Sänger **Norbert Alich** (*1955) in zahlreichen anderen Programmen und Fernseh-Produktionen auf.

Anka Zink

Die Schauspielerin und Komödiantin **Anka Zink** (*1957) war Gründungsmitglied der Springmäuse, kurze Zeit an der Seite von Harald Schmidt Ensemble-Mitglied des Düsseldorfer Komödchens und wagte 1991 als eine der ersten Kabarettistinnen den Sprung in eine Solo-Karriere. Seitdem ist die Diplom-Soziologin und vielfach ausgezeichnete Künstlerin eine der originellsten Figuren der deutschen Kleinkunstszene.

Dirk Bach 1988

Unvergesslich ist sein Auftritt als „Geierwally" im Dirndl 1985 in der Springmaus, als er die ca. 2,20 Meter hohe Decke mit einem kühnen Alpensprung fast durchbrach. Der Kölner Schauspieler und Komödiant **Dirk Bach** (*1961) gehört seitdem zu den schillerndsten Figuren des deutschen Kabaretts und gilt als das männliche Gegenstück zu Hella von Sinnen. Seine unverwechselbare Stimme ist außerdem oft im Radio und in Hörbüchern (von Kinderbüchern bis Kafka) zu vernehmen. In zahlreichen Fernsehsendungen ist er zu sehen. Sein „Lukas" in der gleichnamigen ZDF-Serie trug ihm 2001 eine „Goldene Kamera" ein.

40

Literatur. Autoren, Leser, Kritiker

Karin Hempel-Soos
1989

Seit 1994 gibt es in
Bonn das Haus der
Sprache und Literatur an
der Lennéstraße. **Karin
Hempel-Soos** (*1939)
hat es möglich gemacht
und leitet es. Sie wuchs
in Meiningen auf, lebt
seit 1960 in Bonn und
ist seit 1980 freie Schriftstellerin, Journalistin, Sa-
tirikerin und vor allem
Poetin. Sie gibt nicht nur
Pegasus auf zarten Versfü-
ßen die Sporen, sondern
holt unermüdlich die ge-
genwärtige Weltliteratur
nach Bonn. 1997 erhielt
sie den Literaturpreis der
Bonner „Lese- und Erho-
lungsgesellschaft". Sie ist
eine wörterverliebte Dichterin, Büchernärrin und
grandiose Vorleserin.

Jiři Gruša 1992

Der tschechische Schriftsteller **Jiři Gruša** (*1938) schrieb Gedichte und Erzählungen und übersetzte wichtige deutsche Dichter, bis
er 1969 Publikationsverbot erhielt. Er gehörte zu den Unterzeich-
nern der ‚Charta 77', landete im Gefängnis, wurde aus seiner
Heimat ausgebürgert und ließ sich zu Beginn der 80er Jahre in
Bonn nieder. Von 1990 bis 1997 war er tschechoslowakischer
bzw. tschechischer Botschafter in Deutschland, danach in Österreich. Seit 2003 ist er Präsident des Internationalen PEN-Clubs.

Martin Walser

Der Schriftsteller **Martin Walser** (*1927) promovierte 1951 über Franz Kafka, gehörte seit 1953 zur Gruppe 47 und ist einer der wichtigsten, produktivsten und streitbarsten deutschen Autoren der zweiten Hälfte des 20.Jahrhunderts. Viele seiner Romane sind längst Klassiker, was ihn schon deshalb stört, weil ‚Klassiker' ja in Deutschland merkwürdig folgenlos zu sein haben. Dagegen schreibt er unermüdlich an. Seine Rede zur Verleihung des Friedenspreises des Deutschen Buchhandels 1998 löste eine heftige Debatte um die ‚Instrumentalisierung des Holocausts' aus.

…mit dem Verleger **Thomas Grundmann** (Bouvier Verlag)

Václav Havel

Der tschechische Schriftsteller **Václav Havel** (*1936) gehört zu den wichtigsten Bühnenautoren seiner Heimat und nahm in seinen Stücken immer wieder die Absurditäten des kommunistischen Regimes aufs Korn. Er war einer der intellektuellen Wegbereiter des ‚Prager Frühlings' 1968 und der Bürgerrechtsbewegung ‚Charta 77', wurde mehrmals inhaftiert und auf Druck internationaler Prominenz aus Politik und Kunst wieder freigelassen. 1989 wurde er der erste demokratisch gewählte Staatspräsident der Tschechoslowakei, danach bis 2003 Präsident der jungen tschechischen Republik

Der aus Polen stammende amerikanische Schriftsteller **Louis Begley** (*1933) war schon erfolgreicher Jurist, als 1991 sein erster Roman *Lügen in Zeiten des Krieges* erschien, eine Verarbeitung des Warschauer Ghetto-Aufstandes und des Holocausts aus der Sicht eines jüdischen Jungen. Ein eher kurzer, lakonisch reduzierter Text über eine verlorene Kindheit, der auf Anhieb zum Bestseller avancierte. In seinen folgenden Romanen behandelte er Themen wie Aids und Krebs und ist einer der anspruchsvollsten Autoren der USA.

Sein amerikanischer Landsmann **John Irving** (*1942) studierte 1963/64 in Wien und war sich früh sicher, dass er einer der größten Erzähler der USA werden würde. Mit seinem vierten Roman *Garp und wie er die Welt* sah gelang ihm das 1978. Der Bestseller über das fiktive Leben des Schriftstellers Garp und seiner feministischen Mutter wurde 1982 mit Robin Williams und Glenn Close verfilmt. Seine vielen weiteren, durchweg sehr erfolgreichen Romane sind böse glänzende Satiren auf die amerikanische Gesellschaft.

Johannes Mario Simmel
September 1990

Es muss nicht immer Kaviar sein – **Johannes Mario Simmel** (*1924 in Wien) überzeugte davon 1960 ein Millionenpublikum und wird von der Kritik gern als Trivialliterat belächelt. Der sorgfältig recherchierende Boulevardjournalist und weltgewandte Autor verbindet in seinen voluminösen Romanen schrille Kolportage mit politisch brisanten Themen, ein höchst erfolgreiches, aber nicht immer für alle bekömmliches Rezept.

48

Efraim Kishon

Er war Bürger eines kleinen, ständig gefährdeten Landes und schrieb in einer Sprache, die nur wenige verstehen: **Ephraim Kishon** (1924 – 2005) musste einfach Satiriker werden. Als Ferenc Hoffmann wurde er in Budapest geboren, überlebte den Holocaust knapp, floh 1949 nach Israel, lernte Hebräisch und schrieb ab 1952 täglich eine kritische Kolumne für die angesehene Zeitung „Ma'ariw". 30 Jahre lang! Nebenbei leitete er in Tel Aviv ein Theater (nur 3 Jahre lang), schrieb Stücke und bis zu seinem Lebensende zahllose humorvolle Miniaturen, die sich allein in Deutschland zu Büchern mit einer Gesamtauflage von ca. 35 Millionen summierten.

Christa Wolf im „Wasserwerk"
Juni 1996

Der geteilte Himmel, eine der berühmtesten Erzählungen von **Christa Wolf** (*1929), erschien 1963 in der DDR, 1964 in der BRD. Christa Wolf war eine der wenigen literarischen Repräsentantinnen Ostdeutschlands von internationalem Ruf und ist eine der (selbst)kritischsten Autorinnen der älteren Generation im wiedervereinigten Deutschland. In *Kassandra* (1983) und *Medea* (1996) machte sie die Konflikte von Frauen der griechischen Mythologie gegenwärtig. In mehreren autobiographischen Notizen verarbeitete sie perspektivisch präzise die intellektuellen und privaten Konflikte im real existierenden und ebenso real untergegangenen Sozialismus.

50

Erich Loest 20. Juni 1994

Der deutsche Schriftsteller **Erich Loest** (*1926) studierte in Leipzig und verbrachte als politischer Häftling mehr als sieben Jahre im Zuchthaus Bautzen. 1981 siedelte er nach Westdeutschland um. Er schrieb zahlreiche Romane und gründete einen eigenen Verlag. Er lebte zeitweise in Bad Godesberg, seit 1990 wieder in Leipzig. 1995 erschien sein – später für das Fernsehen verfilmter – Roman *Nikolaikirche*, der die Ereignisse um die Leipziger Montagsdemonstrationen dokumentiert. 1996 wurde er Ehrenbürger von Leipzig.

Walter Jens im Juni 2000

Der vielseitige Autor **Walter Jens** (*1923) war in Tübingen Professor für klassische Philologie, später Inhaber des einzigen deutschen Lehrstuhls für allgemeine Rhetorik. Er schreibt Romane, Dramen, Hörspiele und Essays. Vor allem bekannt wurde er als streitbarer Publizist und Redner. Er ist ein radikaler Demokrat, der sich immer wieder kritisch in die Politik einmischt. Neben zahlreichen anderen Auszeichnungen erhielt er 2002 in Bonn den „Predigtpreis".

Michael Ende November 1989

Weltweit berühmt wurde **Michael Ende** (1929 – 1995) durch seine Romane *Momo* (1973) und *Die unendliche Geschichte* (1979), in denen junge Menschen die Welt vor dem Verlust der Zeit und der Fantasie retten. Er begann seine Karriere als einer der wichtigsten Kinderbuchautoren des 20. Jahrhunderts 1960 mit *Jim Knopf und Lukas der Lokomotivführer*, das ihn in einer Fernsehfassung der „Augsburger Puppenkiste" schlagartig bekannt machte.

Lisa Fitz im November 1995

Die Kabarettistin **Lisa Fitz** (*1951) gab ihr Filmdebüt 1970 im ersten *Schulmädchen-Report*. Sie war Schlagersängerin, Schauspielerin und Fernsehmoderatorin. Seit 1983 tritt sie als Solo-Kabaretti-
stin mit eigenen Texten auf und hat auch autobiografische Romane
verfasst. Sie nimmt mit bayrischer Derbheit und listiger Frechheit
immer wieder alles Spießbürgerliche aufs Korn.

Mario Vargas Llosa 21. April 1998

Der peruanische Autor **Mario Vargas Llosa** (*1936) ist einer der bekanntesten Vertreter der zeitgenössischen lateinamerikanischen Literatur. Sein Werk umfasst neben historischen und politischen Romanen auch viele brillante, kritische Essays. In seinem Heimatland engagiert sich der weltgewandte Intellektuelle immer wieder in der Politik. 1990 kandidierte er für die konservative Partei bei den Präsidentschaftswahlen, verlor jedoch in der Stichwahl.

Gabriele Wohmann und Walter Kempowski 1992

Die Schriftstellerin **Gabriele Wohmann** (*1932) beschreibt in ihren vielen Romanen und Erzählungen die alltäglichen Bagatell-Tragödien und kleinen Glücksmomente – sensibel und sarkastisch.
Walter Kempowski (*1929) wuchs in Rostock auf. Als politischer Häftling saß er von 1948 bis 1956 im Zuchthaus Bautzen. 1957 zog er in den Westen und wurde Landschullehrer in Norddeutschland. Er ist ein unermüdlicher Sammler von Dokumenten und Aussagen von Zeitzeugen. Seine Romane sind groß angelegte Chroniken der jüngeren deutschen Vergangenheit.

Carlo Fruttero und
Franco Lucentini 1995

Das italienische Auto-
renduo **Carlo Fruttero**
(*1926) und **Franco Lu-
centini** (1920 – 2002)
verfasste seit 1972 ge-
meinsam zahlreiche sehr
erfolgreiche Romane, in
denen sich meistens ein
Krimistoff mit mythologi-
schen Elementen, gesell-
schaftskritischen und philo-
sophischen Betrachtungen
verband.

57

Armin Mueller-Stahl 1991

Der Schauspieler **Armin Mueller-Stahl** (*1930) war einer der populärsten Film- und Fernsehdarsteller der DDR, bekam jedoch nach seinem Protest gegen die Ausbürgerung von Wolf Biermann keine Rollen mehr und zog 1980 in die Bundesrepublik. Er wirkte in vielen wichtigen Filmen berühmter deutscher Regisseure mit und war seit 1989 auch in etlichen Hollywood-Produktionen zu sehen. Außerdem ist er Maler und Verfasser mehrerer Romane und Erzählungen. Einer seiner größten Erfolge der letzten Jahre war seine Verkörperung des Dichters Thomas Mann in dem Fernseh-Dreiteiler *Die Manns* von Heinrich Breloer 2001.

Isabel Allende 1989

Mit ihrem Familienepos *Das Geisterhaus* (1982) wurde **Isabel Allende** (*1942) schlagartig weltberühmt und zur erfolgreichsten lateinamerikanischen Erzählerin der Gegenwart. Die Schriftstellerin wurde in Peru geboren und wuchs in Chile auf, wo sie sich als kritische Journalistin einen Namen machte. Nach dem gewaltsamen Ende der sozialistischen Regierung ihres Onkels Salvador Allende 1973 flüchtete sie in die USA. Ihre Romane spiegeln – oft mit Bezügen zu ihrer eigenen Biografie – die Kultur und Geschichte Chiles.

Bernhard Schlink 1998

Der Autor und Rechtswissenschaftler **Bernhard Schlink** (*1944) lehrte als Juraprofesor von 1982 bis 1991 an der Bonner Universität, seitdem an anderen Hochschulen. Seine Karriere als Schriftsteller begann 1987 mit Kriminalromanen. Dieses Genre verließ er mit dem 1995 erschienenen Roman *Der Vorleser*. Diese eigenwillige Auseinandersetzung mit den Schuldverstrickungen im Dritten Reich wurde ein Sensationserfolg und ein in viele Sprachen übersetzter internationaler Bestseller.

Günter Grass 1989...

Der weltweit bekannteste deutsche Autor der Nachkriegsliteratur **Günter Grass** (*1927) erhielt 1999 den Nobelpreis für Literatur. Mit der *Blechtrommel* begann 1959 seine steile Karriere. Grass ist ausserdem Graphiker (hier vor einem Selbstporträt) und Bildhauer. Grass ist Ehrenbürger seiner Heimatstadt Danzig.
Die Wahlkampftrommel für die SPD, deren Mitglied er von 1982 bis 1992 war, rührte er bereits in den 60er Jahren.

...1971 u. a. mit Johannes Rau

Der wortgewaltige Dichter und politische Redner kämpfte gegen alte Nazis und für eine demokratische Republik. Zu seinen Zuhörern und Mitdiskutanten bei einer Veranstaltung in Bonn gehörte 1971 auch **Johannes Rau** (1931 – 2006), damals NRW-Minister für Wissenschaft und Forschung, von 1978 bis 1998 Ministerpräsident von Nordrhein-Westfalen, von 1999 bis 2004 Deutscher Bundespräsident.

Siegfried Lenz
12. November 1990

Sein erfolgreichster Roman *Deutsch-stunde* (1968) gehört zu den ersten und wichtigsten literarischen Aufarbeitungen der Nazizeit. Der Schriftsteller **Siegfried Lenz** (*1926) ist ein geradliniger Erzähler, ein politischer Moralist und unbestechlicher Realist, aber auch ein nachdenklicher Fabulierer. Seit 2001 ist er Ehrenbürger der Stadt Hamburg. Bereits 1988 erhielt er den Friedenspreis des deutschen Buchhandels.

62

Marcel Reich-Ranicki
im Januar 1993

Der einflussreichste deutsche Literaturkritiker war **Marcel Reich-Ranicki** (*1920) längst, als er 1988 beim ZDF *Das literarische Quartett* gründete, das er bis 2001 leitete und immer mit dem berühmten Brecht-Satz beendete: „Der Vorhang zu, und alle Fragen offen". Der in Polen geborene Journalist, der den Nazi-Gräueln nur knapp entkam, war Kritiker bei der „Zeit" und später bei der FAZ. Der temperamentvolle Literaturliebhaber verreißt ebenso gnadenlos wie er lobt, was er für dauerhaft tragfähig hält, wie z.B. seinen *Kanon lesenswerter deutschsprachiger Werke*, mit dem er am Anfang des 21.Jahrhunderts ein Zeichen setzte gegen die künstlerische Beliebigkeit.

Christoph Schlingensief

Der Aktionskünstler, Film- und Theaterregisseur **Christoph Schlingensief** (*1960) gilt als das ‚enfant terrible' der deutschen Bühnen. 1993 holte Frank Castorf ihn an die Berliner Volksbühne, wo
er mit rabiaten, grotesken Happening-Stücken Aufsehen erregte. In
die Politik mischte er sich unverschämt parodistisch ein mit Slogans
wie „Wähle dich selbst" und der Partei „Chance 2000". Sein
Debüt als Opernregisseur gab er mit Wagners *Parsifal* 2004 in
Bayreuth.

Hellmuth Karasek im November 1994

Der Autor und Kritiker **Hellmuth Karasek** (*1934) war von
Anfang an ständiger Gast in Reich-Ranickis *Literarischem Quartett*. Er arbeitete bei vielen renommierten Feuilletons und war von
1974 bis 1991 leitender Kulturredakteur beim „Spiegel". Neben
diversen Essays und Büchern über Theater und Film schrieb er
unter dem Namen Daniel Doppler auch einige Bühnenstücke.

Wolf Biermann 1. Juni 1995

Der Liedermacher und Lyriker **Wolf Biermann** (*1936) zog aus kommunistischer Überzeugung 1953 von Hamburg nach Ostberlin und begann 1960 zu schreiben und zu komponieren. Der aufmüpfige Denker und sinnliche Poet erhielt 1965 in der DDR Auftrittsverbot, wurde aber dennoch im Osten und im Westen populär. 1976 entzog ihm die DDR während einer Konzertreise in die BRD die Staatsbürgerschaft, was international einen Sturm der Entrüstung auslöste. Er kam, wie er selbst es formulierte „vom Regen in die Jauche", schrieb und sang aber ‚mit Marx- und Engelszungen' weiter. 1991 wurde er mit dem Heinrich-Heine-Preis und dem Büchner-Preis ausgezeichnet. Zu seinen wichtigsten neueren Werken gehört der *Große Gesang des Jizchak Katzenelson* (1994).

Rudolf Pörtner im April 1992

Mit dem Fahrstuhl in die Römerzeit begann 1959 die populärwissenschaftliche Karriere des Schriftstellers und Historikers **Rudolf Pörtner** (1912 – 2001). Von der Antike über die Wikinger, die Kreuzzüge im Mittelalter bis zur Alltagsgeschichte des 20. Jhdts. machte er in seinen vielen Büchern die kulturellen Verflechtungen in Europa lebendig. Neben etlichen anderen Auszeichnungen erhielt er 1974 den Ceram-Preis des Rheinischen Landesmuseums Bonn. In Bonn verbrachte er auch die meiste Zeit seines Lebens.

Janwillem van de Wetering im Mai 1993

Berühmt wurde der niederländische Krimiautor **Janwillem van de Wetering** (*1931) durch die Serie der *Amsterdam Cops*. Er erkundete in Japan den Zen-Buddhismus und arbeitete zeitweise in Südamerika und Australien, bevor er in Amsterdam Polizeiinspektor wurde und seine entsprechenden Erfahrungen literarisch umsetzte. Seit 1975 lebt er in den USA und schreibt auf Niederländisch und auf Englisch.

Lars Gustafson
23. September 1997

Der Roman *Herr Gustafsson persönlich* machte 1972 den schwedischen Autor **Lars Gustafsson** (*1936) in Deutschland bekannt. Das autobiografisch geprägte Werk war der Auftakt zu einer fünfteiligen erzählerischen Selbstreflexion unter dem Titel *Die Risse in der Mauer*. Gustafsson schrieb neben zahlreichen Romanen auch Gedichte und Essays und gehört zu den intellektuellen Sprachkünstlern und experimentellen Denkern, die beständig den internationalen Austausch suchen. 1982 konvertierte er zum jüdischen Glauben. Von 1983 bis 2006 war er Literaturprofessor in Texas, seitdem lebt er wieder in seiner Heimat.

Judith Herzberg bei einer Podiumsveranstaltung 1992

Die niederländische Autorin **Judith Herzberg** (*1934) überlebte den Holocaust in Amsterdam und machte zunächst als Lyrikerin auf sich aufmerksam. Seit Anfang der 70er Jahre verfasste sie mehr als 20 Theaterstücke, von denen einige in den 90er Jahren in Bonn uraufgeführt wurden. Sie gehört zu den wichtigsten Dichterinnen ihres Landes und war seit 1992 regelmäßig Patin der niederländischen Dramatik bei der Bonner Biennale.

T. Coraghessan Boyle, 8. Oktober 1996

Der amerikanische Schriftsteller **T(homas) Coraghessan Boyle** (*1948) gilt wegen seiner Extravaganz und seines schwarzen Humors als ‚enfant terrible' der US-Gegenwartsliteratur. Seit 1986 ist er Literaturprofessor in Los Angeles. Einen Sensationserfolg feierte er 1987 mit seinem Roman *World's End*, einem bizarr in sich verschachtelten Panorama von 300 Jahren nordamerikanischer Geschichte. Es folgten mehrere satirisch gesellschaftskritische Werke. In seinem Roman *America* (1996) beschäftigte er sich mit dem Problem der illegalen Einwanderung.

Erwin Wickert im September 1993

Der Diplomat und Autor **Erwin Wik-kert** (*1915) hatte bereits in vielen Ländern der Welt gelebt, als er in den 60er Jahren Referatsleiter für die Ostblockländer im Bonner Auswärtigen Amt wurde. Danach war er u. a. deutscher Botschafter in Bukarest und Peking. Seit 1938 war er auch als Schriftsteller tätig und schrieb Hörspiele und historische Romane. Bekannt wurden vor allem seine Sachbücher über China und seine Memoiren. Er lebt in Remagen. Einer seiner Söhne ist der Fernsehjournalist Ulrich Wickert, der 1942 in Tokio zur Welt kam.

71

Günter de Bruyn

Die Mark Brandenburg stand immer Zentrum des Werkes von **Günter de Bruyn** (*1926), der seit 1961 als freier Schriftsteller arbeitet. Er war Vorstandsmitglied des Schriftstellerverbandes und 1974 bis 1982 Präsidiumsmitglied des PEN-Zentrums der DDR. Den ihm 1989 zuerkannten Nationalpreis der DDR lehnte er ab. In seinen scheinbar realistischen Erzählungen schildert er mit feiner Ironie die *Neue Herrlichkeit* (Titel eines 1984 zunächst im Westen erschienenen Romans) des real existierenden Sozialismus. Großen Erfolg hatte seine zweibändige Autobiografie *Zwischenbilanz* (1992) und *Vierzig Jahre* (1996). Er schrieb zahlreiche literaturwissenschaftliche und historische Essays. 2000 erhielt er in Bonn den Ernst-Robert-Curtius-Preis für Essayistik.

Andrzej Szczypiorski im Oktober 1992

In Deutschland bekannt wurde der polnische Autor **Andrzej Szczy-piorski** (1924 – 2000) vor allem durch seinen Roman *Die schöne Frau Seidenman* (1986), einer eindringlichen Schilderung der Lebensgeschichten von Polen und Deutschen vor dem Hintergrund der Judenvernichtung im besetzten Warschau. Szczypiorski selbst wurde nach dem Scheitern des Ghetto-Aufstands im KZ Sachsenhausen interniert. Nach dem Krieg arbeitete er als Journalist und Schriftsteller. 1976 schloss er sich der polnischen Dissidentenbewegung an und wurde 1980 inhaftiert. Nach dem Ende des kommunistischen Regimes gehörte er zu den angesehensten Dichtern seiner Heimat.

Jewgeni Jewtuschenko, September 1994

Die New York Times erklärte den russischen Schriftsteller **Jewgeni Jewtuschenko** (* 1933) einmal zum berühmtesten lebenden Dichter der Welt. In seinem Heimatland wurde er nach dem Erscheinen seiner ersten Gedichte Anfang der 50er Jahre zur Leitfigur einer ganzen Generation und fast so bekannt wie ein Popstar. Er nutzte seine Popularität und seine internationalen Kontakte für spektakuläre Aktionen, setzte sich für verfolgte Kollegen ein und fiel immer wieder in politische Ungnade. Die Abenteuer seines Dichterlebens schildert er in der 2000 auf Deutsch erschienenen Autobiografie *Der Wolfspass*.

Herta Müller am 27. Juni 1995 während der 10. Bonner Buchwoche

Mit ihrem 1984 in Deutschland erschienenen ersten Prosaband Niederungen wurde die Dichterin **Herta Müller** (*1953) als Entdeckung gefeiert, die das Banat als literarische Provinz neu ins Blickfeld gerückt habe. Sie lebte damals noch in Rumänien, wo sie als Angehörige der deutschsprachigen Minderheit aufwuchs. Unter der Diktatur Ceausescus durfte sie in ihrer Heimat nicht mehr arbeiten; 1987 übersiedelte sie in die BRD. Seitdem gehört die mit vielen Preisen und Stipendien ausgezeichnete Lyrikerin, Erzählerin und Essayistin zu den immer wieder überraschenden deutschen Sprachkünstlerinnen.

Cees Nooteboom am 2. November 1992 auf Einladung des Deutschen Akademischen Austauschdienstes

In Deutschland wurde **Cees Nooteboom** (*1933), der als bedeutendster niederländischer Schriftsteller der Nachkriegszeit gilt, in den 80er Jahren als Verfasser prägnanter, poetischer Reiseberichte bekannt. Der Durchbruch als international angesehener Erzähler gelang ihm 1985 mit dem Roman *Rituale*. Der Roman *Allerseelen* (1998) gehört zu seinen größten Erfolgen. Besonders wahrgenommen wurden in Deutschland seine *Berliner Notizen* (1990), die er unter dem Eindruck des Mauerfalls in Berlin schrieb. Er arbeitet in Amsterdam, Berlin und auf Menorca.

76

Ulla Hahn vor einer Lesung am 17. September 1991 aus „Ein Mann im Haus"

In der Lyrik-Diskussion der 80er Jahre war **Ulla Hahn** (*1946) mit ihrer Rückkehr zu traditionellen Formen höchst umstritten. *Herz über Kopf* (1981) wurde trotzdem einer der erfolgreichsten Gedichtbände der letzten 25 Jahre. Die promovierte Literaturwissenschaftlerin war Lehrbeauftragte an mehreren Universitäten und von 1979 bis 1991 Kulturredakteurin bei Radio Bremen. Mit ihrem ersten Roman *Ein Mann im Haus* (1991) widerlegte sie alle Kritiker, die sie der ‚notorischen Harmlosigkeit' verdächtigt hatten. Mit ihrem grandiosen Familienepos *Das verborgene Wort* (2001), in dem sie die Emanzipationsgeschichte des Mädchens Hildegard aus dem rheinisch-katholischen Provinzmilieu durch das rauschhafte Bücherlesen erzählt, fand sie großen Zuspruch beim Publikum und der Kritik.

Harry Rowohlt im März 1993

Seine bärenschlauen Ansichten in **Pooh's Corner** in der „Zeit" sind eben so legendär wie der Obdachlose Harry in der „Lindenstraße" oder seine Live-Auftritte zwischen Büchern und geistigen Getränken, die selten weniger als vier Stunden beanspruchen und beim Publikum Kult-Status genießen. **Harry Rowohlt** (*1945) ist Stiefsohn des Verlegers Ernst Rowohlt und einer der glänzendsten Übersetzer aus dem Englischen – von Robert Crump bis Kurt Vonnegut. Er übersetzte auch etliche Kinderbücher und erhielt dafür 2003 und 2005 den Deutschen Jugendbuchpreis. Er ist ein eigenwilliger, witziger Sprachspieler und seit 1996 „Ambassador of Irish Whiskey".

Alice Schwarzer 1993

Der kleine Unterschied und seine großen Folgen: Ihr bekanntestes Buch wurde zum geflügelten Wort. Die streitbare Journalistin **Alice Schwarzer** (*1942), Gründerin der feministischen Zeitschrift „Emma", die sie seit 1977 herausgibt, ist eine Leitfigur der deutschen Frauenbewegung. 1971 erregte ihre spektakuläre Kampagne gegen den § 218 ebenso Aufsehen wie ihr rigoroser Kampf gegen Pornografie und die sexuelle Objektivierung der Frau. In den 90er Jahren erwarb sie sich mit Biografien über Marion Gräfin Dönhoff und Romy Schneider einen Ruf als Autorin. Zwischen Populismus und ironischer Kritikerin des Patriarchats changiert *Alice im Männerland* (Essaysammlung 2002) immer noch.

Sarah Kirsch im Februar 1992

Die Lyrikerin **Sarah Kirsch** (*1935) kam als Ingrid Bernstein in einem kleinen Dorf im Ostharz zur Welt, wurde Diplombiologin und begann ihre literarische Tätigkeit in Halle in einem literarischen Zirkel, in dem sie den Dichter Rainer Kirsch kennen lernte, mit dem sie von 1960 bis 1968 verheiratet war. Die DDR machte ihr nach ihrem Protest gegen die Ausbürgerung von Wolf Biermann das Leben schwer; 1977 übersiedelte sie nach Westberlin, später in die schleswig-holsteinische Provinz. Neben spröden, bildmächtigen Gedichten schreibt die sensible Naturbeobachterin Erzählungen und Essays. 1996 wurde sie mit dem Büchner-Preis ausgezeichnet.

Oskar Pastior am
27. März 1992

Der Dichter **Oskar Pastior**
(1927 – 2006) wuchs
im siebenbürgischen Her-
mannstadt auf, wurde 1945
von der Roten Armee in ein
ukrainisches Arbeitslager de-
portiert, studierte nach dem
Militärdienst Germanistik in
Bukarest und arbeitete als
Rundfunkredakteur für die
deutschsprachige Minderheit
in Rumänien, bevor er sich
1968 nach Westdeutschland
absetzte. Er experimentierte
beständig mit der Sprache,
die er in *Gedichtgedichten*
vom *Sichersten ins Tausend-
ste* zwischen virtuos gehand-
habten rhetorischen und me-
trischen Figuren vom Zwang
der politischen *Dogmalaria*
befreite. Populär wurde er
trotz seiner mehr als 30 Gedichtbände nie, war aber
ein „König der Poesie" für
die Liebhaber literarischer
Paradoxien. Er starb wenige
Tage, bevor ihm im Oktober
2006 der Büchner-Preis, nun
postum, verliehen wurde.

Hansjakob Stehle
September 1993

Der Historiker und Journalist **Hansjakob Stehle** (*1927) ist seit 1964 Mitarbeiter der „Zeit" und zahlreicher anderer Medien. Er machte sich einen Namen als Polen-Kenner und als Berichterstatter aus Rom und dem Vatikan. Sein 1993 erschienenes Buch *Geheimdiplomatie im Vatikan* ist das – äußerst spannende – Standardwerk über das Verhältnis des heiligen Stuhls zu den kommunistischen Staaten von 1917 bis 1989.

Dieter Kühn November 1990

Der Literaturwissenschaftler und Schriftsteller **Dieter Kühn** (*1935) wurde vor allem als Übersetzer mittelhochdeutscher Klassiker und als raffinierter Erzähler von sorgfältig recherchierten, dennoch literarisch ‚hypothetischen' Künstlerbiografien bekannt. Seine 1986 erschienene Übertragung von Wolfram von Eschenbachs *Parzival* ist gleichzeitig ein Kompendium des Alltagslebens im Mittelalter. In seinem Roman *Beethoven und der schwarze Geiger* (1990) verknüpft er europäische und afrikanische Kulturgeschichte. 2005 machte er mit *Schillers Schreibtisch in Buchenwald* auf die grotesken und furchtbaren Beziehungen zwischen dem klassischen Weimar und der Vernichtungsmaschinerie der Nazis aufmerksam.

83

Umberto Eco 1995 nach einer Lesung aus „Der Name der Rose"

Der italienische Autor **Umberto Eco (**＊1932) promovierte 1955 in Turin über Thomas von Aquin, gehörte dem avantgardistischen „Grupo 63" an, wurde 1975 Professor für Semiotik in Bologna und war einer der international berühmtesten Zeichentheoretiker, als er 1980 mit seinem ersten Roman *Der Name der Rose* einen der größten Bestseller des 20.Jahrhunderts landete und eine ganze Welle von Mittelalterkrimis auslöste. Sein aberwitziges intellektuelles Puzzle *Das Foucaultsche Pendel* (1988) machte das Pariser Technologiemuseum zu einem esoterischen Pilgerort. Ganz nebenbei schreibt Umberto Eco witzige und hellsichtige Kolumnen im Mailänder „Corriere della Sera".

Alain Robbe-Grillet
im November 1997

International berühmt wurde der
französische Schriftsteller und
wichtigste Repräsentant des
‚nouveau roman' **Alain Robbe-Grillet** (*1922) durch sein
Drehbuch zu dem Film *Letztes
Jahr in Marienbad* von Alain
Resnais (1961). Der gelernte
Agraringenieur macht in seinen Romanen oft den Schreib-
prozess selbst zum Thema. Im
Gegensatz zum traditionellen
realistischen Roman verzichtet
er auf einen allwissenden Erzähler und beschreibt scheinbar
wissenschaftlich objektiv Dinge
und Vorgänge. Zu seinen bekanntesten Werken gehören
La Jalousie oder die Eifersucht
(1957) und *Die blaue Villa in
Hongkong* (1965).

85

Joanne K. Rowling im März 2000

Die Schöpferin des Zauberlehrlings Harry Potter, **Joanne K. Rowling** (*1965), ist die meist gelesene Autorin der Gegenwart und eine der reichsten Frauen Großbritanniens. Sie wuchs in Wales auf und lebt heute im schottischen Edinburgh. Als arbeitslose Lehrerin und allein erziehende Mutter begann sie zu schreiben. Als 1997 ihr erstes Buch *Harry Potter und der Stein der Weisen* erschien, war der beispiellose Erfolg bei jung und alt noch nicht abzusehen. Allein in den USA spielte die Verfilmung 2001 am ersten Wochenende fast 100 Millionen Dollar ein. Inzwischen ist das Erscheinen jeder neuen Folge ein weltweit mit Fan-Partys gefeiertes Ereignis.

Ernst Jandl November 1991

Der Wiener Sprachjongleur und Sprechakrobat **Ernst Jandl** (1925 – 2000) war der bekannteste und erfolgreichste experimentelle deutschsprachige Lyriker der Nachkriegszeit. Seinen Lebensunterhalt bestritt der promovierte Germanist und Anglist bis zu seiner Pensionierung als Lehrer. Von 1954 bis zu seinem Tod war er liiert mit der Dichterin Friederike Mayröcker. Seine visuellen Texte, Laut- und Sprechgedichte arbeiten mit der Zerlegung und Neukonstruktion von Wörtern und Sätzen mit oft witzigen, aber auch beklemmenden Effekten. Viele Gedichte entfalten ihre volle Wirkung erst beim lauten Vortrag. Sein bester Vorleser war Jandl selbst, dessen Auftritte das Publikum in Scharen anzogen.

Amos Oz Oktober 1992

Amos Oz (*1939) gehört zu den Begründern einer eigenständigen israelischen Literatur. Mit 15 Jahren verließ er seine konservativ-zionistische Familie und zog in einen Kibbuz. Er studierte Philosophie und Literatur in Jerusalem und ist seit 1987 Professor für hebräische Literatur in Beer-Scheva. Neben seinen Romanen, die ein lebendiges, bei allem Realismus durch Fantasie und Humor gebrochenes Bild der heutigen israelischen Gesellschaft zeichnen, schrieb er viele Aufsätze und Reden zum israelisch-palästinensischen Konflikt und gehörte 1977 zu den Initiatoren der Bewegung „Frieden jetzt". Neben zahlreichen internationalen Auszeichnungen erhielt er 1992 den Friedenspreis des Deutschen Buchhandels.

Ulla Berkewicz 11. März 1992

Die Schriftstellerin **Ulla Berkewicz** (*1951) war Schauspielerin, bevor sie sich 1980 für das Spiel mit Worten auf Papier entschied. Gleich in ihrem Debütwerk *Josef stirbt* (1982) bewies sie ihre außergewöhnliches Erzähltalent und ihre scheinbar kunstlose sprachliche Virtuosität. Ihr großer Roman *Engel sind schwarz und weiß* (1992) ist ein – literarisch umstrittener – Epochenspiegel der Nazi-Zeit. Seit 1990 war sie verheiratet mit dem Suhrkamp-Verleger Siegfried Unseld. Nach dessen Tod 2002 übernahm sie gegen viele Widerstände 2003 den Vorsitz der Geschäftsführung des Suhrkamp-Verlages.

Harry Mulisch 1996

Der niederländische Schriftsteller **Harry Mulisch** (*1927) ist in allen literarischen Gattungen zu Hause. In den 60er Jahren war er politisch sehr engagiert, wandte sich später jedoch wieder dem Imaginären zu, wobei die Auseinandersetzung mit der Nazizeit und dem Antisemitismus immer wiederkehrt. In *Strafsache 40/61* (1962) dokumentierte er den Eichmann-Prozess, in dem Roman *Siegfried. Eine schwarze Idylle* (2001) erfindet er die Liebesgeschichte zwischen Adolf Hitler und Eva Braun neu. International am bekanntesten wurden seine Romane *Zwei Frauen* (1975) über eine lesbische Liebesbeziehung und *Die Entdeckung des Himmels* (1992), eine fantastisch konstruierte Geschichte über einen menschlichen Boten Gottes, der die mosaischen Gesetzestafeln zurückholen soll.

90

Ralph Giordano 2. Dezember 1996

Der Journalist und Schriftsteller **Ralph Giordano** (*1923) entstammt einer Hamburger Musikerfamilie, die den Holocaust überlebte. Anfangs überzeugter Kommunist, rechnete er mit dem Stalinismus ab in dem Buch *Die Partei hat immer Recht* (1961). Alle seine Werke sind geprägt von der Auseinandersetzung mit der „schwierigen Heimat" Deutschland. Als Kämpfer gegen den Rechtsextremismus und den neuen Antisemitismus erhob er seit den 90er Jahren immer wieder seine Stimme. 1982 erschien sein großer, teilweise autobiografischer Roman *Die Bertinis*, die Geschichte einer jüdischen Familie im Dritten Reich, die 1988 sehr erfolgreich vom ZDF verfilmt wurde. 2006 erhielt er den Rheinischen Literaturpreis der Stadt Siegburg.

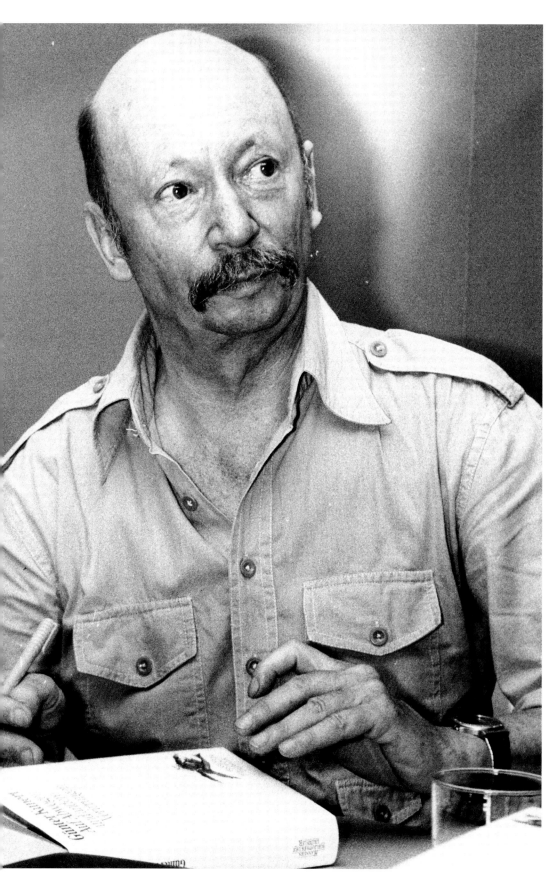

Günter Kunert 5. Mai 1989

Der Dichter **Günter Kunert** (*1929) blieb immer ein Skeptiker gegenüber allen Ideologien und geschichtsphilosophischen Modellen. Er studierte Grafik in Berlin, wechselte aber Anfang der 50er Jahre – gefördert durch Johannes R. Becher – zur Literatur. Er schrieb Gedichte, Erzählungen, Hörspiele, Filmdrehbücher, Reiseberichte, Glossen und Essays. Obwohl seine Beiträge zur kulturpolitischen Debatte in der DDR umstritten waren, konnte er Lehraufträge in den USA und in England wahrnehmen. Nach seinem Protest gegen die Ausbürgerung Wolf Biermanns wurde er aus der SED ausgeschlossen, siedelte 1979 in die BRD um und lebt seitdem in Itzehoe. Er gehört zu den produktivsten deutschsprachigen Lyrikern. 1991 erhielt er in Bonn der Ernst-Robert-Curtius-Preis für Essayistik.

Peter Rühmkorf November 1995

„Ihn zu bestimmen ist nicht eben leicht", schreibt **Peter Rühmkorf (** * 1929) in seinem Gedicht *Selbstporträt* (1958). Sein Werk changiert zwischen poetisch vitaler Anarchie, artifizieller sprachlicher Seiltänzerei, nüchterner Bestandsaufnahme und politischem Engagement – immer „im Vollbesitz meiner Zweifel". Von 1958 bis 1964 war er Lektor beim Rowohlt-Verlag, seitdem lebt er als freier Schriftsteller in Hamburg. Er schreibt Gedichte, aufgeklärte Märchen und Essays und hat zahlreiche Anthologien herausgegeben. 1993 erhielt er den Büchner-Preis.

Wolfgang Hildesheimer
am 6. Dezember 1988

Der Schriftsteller **Wolfgang Hildesheimer** (1916 – 1991) emigrierte 1933 mit seinen Eltern nach Palästina. In Jerusalem und London studierte er Grafik, Innenarchitektur und Bühnenbild. In Israel arbeitete er als Informationsoffizier der britischen Regierung, war von 1946 bis 1949 Simultandolmetscher bei den Nürnberger Kriegsverbrecherprozessen und übernahm die Gesamtredaktion der Protokolle. Seit 1957 lebte er in der Schweiz. In den 50er Jahren erschienen seine ersten Prosaarbeiten, Hörspiele und Dramen. Er galt als einziger deutscher Vertreter des absurden Theaters. Später folgten Romane, unter denen die fiktive Biografie *Marbot* (1981) herausragt. 1977 erschien seine große Mozart-Biografie. Bereits 1966 wurde er mit dem Büchner-Preis ausgezeichnet. 1983 gab er bewusst die literarische Produktion zugunsten der Publizistik und der bildenden Kunst auf.

Musikleben: Komponisten, Dirigenten, Interpreten, Intendanten – auf dem Weg zur Beethovenstadt

Leonard Bernstein, Dennis Russell Davies, Beethovenfest 1989

Das bekannteste Werk des amerikanischen Komponisten, Dirigenten und Musikphilosophen **Leonard Bernstein** (1918 – 1990) ist das Musical *West Side Story* (1957). Beim 33. Bonner Beethovenfest 1989 war der vielseitige Musiker der umjubelte ‚artist in residence'.

Der amerikanische Dirigent und Pianist **Dennis Russell Davies** (*1944) war von 1987 bis 1995 Generalmusikdirektor in Bonn. Er versuchte mit viel Elan, das Publikum für die zeitgenössische Musik zu begeistern; die Besucherzahl der städtischen Konzerte nahm bedrohlich ab. Davies ist u.a. Chefdirigent des Stuttgarter Kammerorchesters und des Radio Symphonieorchesters Wien und Professor am Mozarteum in Salzburg.

... und mit
Alfred Brendel 1989

Der weltberühmte österreichische Pianist **Alfred Brendel** (*1931) lebt seit 1971 in London und ist regelmäßig zu Gast in Bonn. Unter seinen zahlreichen Schallplatteneinspielungen erregten insbesondere die Aufnahmen sämtlicher Klavierkonzerte und -sonaten Beethovens Aufsehen. Beim Beethovenfest 1989 spielte er mit Davies am Pult des Orchesters der Beethovenhalle Beethovens 1. Klavierkonzert, beim Beethovenfest 1992 gehörte sein Abend mit Beethovensonaten zu den Höhepunkten. Brendel ist außerdem Musiktheoretiker und schreibt witzig ironische Gedichte. Er ist Ehrenmitglied des Vereins Beethoven-Haus Bonn.

Marc Soustrot bei einer Dirigentenwerkstatt 1998 und im gleichen Jahr mit dem Orchester der Beethovenhalle Bonn auf dem Bonner Marktplatz

Der französische Dirigent **Marc Soustrot** (*1949) war von 1970 bis 1994 Chefdirigent des Orchestre Philharmonique des Pays de la Loire und von 1995 bis 2003 Generalmusikdirektor in Bonn. Beim Beethovenfest 1997 wurden unter seiner Leitung alle neun Beethoven-Symphonien aufgeführt, abwechselnd gespielt vom Norwegischen Jugendorchester und dem Orchester der Beethovenhalle, das inzwischen Beethovenorchester Bonn heißt. Soustrot gründete einen Wettbewerb für junge Dirigenten und brachte viel französische Eleganz ins Bonner Konzertleben. Als Gast am Dirigentenpult ist er häufig bei international renommierten Orchestern und in diversen europäischen Opernhäusern zwischen Venedig und Kopenhagen zu erleben.

Markus Stockhausen
Heribert Beissel mit der
Klassischen Philharmonie Telekom
Poppelsdorfer Schloss
8. August 1992

Seine Karriere als Operndirigent begann **Heribert Beissel** (*1933) in Bonn. Dort gründete er die Klassische Philharmonie Bonn, die er höchst erfolgreich leitet. Der Name eines potenten Sponsors dieses beliebten Orchesters blieb ein sang- und klangloses Intermezzo. Die Sommerkonzerte im Poppelsdorfer Schlosses, die regelmäßigen Auftritte in der Beethovenhalle und die Förderung junger Musiker gehören zu seinen Glanzleistungen. Beissel leitete u.a. die Hamburger Symphoniker, war Generalmusikdirektor in Halle und Frankfurt/ Oder und Gastdirigent in aller Welt.
Der Trompeter und Komponist **Markus Stockhausen** (*1957), Sohn des deutschen Avantgarde-Komponisten Karlheinz Stockhausen, ist ein Grenzgänger zwischen allen Musikstilen.

Philip Glass

Der amerikanische Komponist **Philip Glass** (*1937) ist einer der Wegbereiter der ‚minimal music'. Vor seiner klassischen Musikausbildung in New York und Paris studierte er Mathematik und Philosophie. Auf Reisen durch Asien und Südafrika suchte er neue Klang- und Rhythmuserfahrungen, die er vor allem in Indien fand. Einem breiteren Publikum bekannt wurde er durch seine Filmmusiken, vor allem zu dem Kultfilm *Koyaanisqatsi* (1981). Seine 1980 in Rotterdam uraufgeführte Oper *Satyagraha* über den indischen Friedenskämpfer Mahatma Gandhi wurde in der Inszenierung des rumänischen Regisseurs Silviu Purcarete 2004 an der Bonner Oper ein Sensationserfolg.

100

Kurt Masur

Der Dirigent **Kurt Masur** (*1927) war der bedeutendste Orchesterleiter der DDR und schon lange vor der politischen Wende international berühmt. Von 1970 bis 1996 prägte er als Kapellmeister des Gewandhaus-Orchesters, das unter seiner Leitung Weltniveau erreichte, das musikalische Leben in Leipzig. Bei den Montagsdemonstrationen 1989 setzte er sich für einen friedlichen Wandel ein und wurde zum ersten Ehrenbürger Leipzigs nach dem Mauerfall ernannt. Von 1991 bis 2002 war er Chefdirigent des New York Philharmonic Orchestra, 2000 wurde er Musikdirektor des London Philharmonic Orchestra, 2002 des Orchestre National de France. Bei den Bonner Beethovenfesten dirigierte er mehrfach große Konzerte. Seit 2004 ist er Vorstandsvorsitzender des Vereins Bonner Beethoven-Haus Bonn.

Klaus Maria Brandauer, Matinee mit der Kammerakademie der Bonner Beethovenfeste im Alten Wasserwerk 26. September 1999

Der österreichische Schauspieler und Regisseur **Klaus Maria Brandauer** (*1943) ist seit 1972 Ensemblemitglied des Wiener Burgtheaters. Seit der Verfilmung von Klaus Manns Roman *Mephisto* ist er auch als Filmschauspieler weltberühmt. Musikalische Rezitationen gehören seit Jahren zu seinem Repertoire. Mehrfach war er als Sprecher bei den Bonner Beethovenfesten zu Gast, 1999 lautete das Thema „Goethe und die Musik".

Senta Berger liest Beethoven-Briefe im Rheinhotel Dreesen
22. September 1996

Beim zweiten von den Bürgern für Beethoven veranstalteten
Beethoven-Marathon las die bekannte Wiener Theater-, Film- und
Fernsehschauspielerin **Senta Berger** (*1941) bei einer „Wiener
Kaffeehaustafel" aus Beethovens Briefen. Begleitet wurde sie vom
Diabelli-Trio.

August Everding
am 11. März 1994

Der Regisseur **August Everding** (1928–1999) widmete sich nach etlichen Schauspielinszenierungen ab 1970 vor allem der Oper und arbeitete an zahlreichen Häusern in aller Welt. In Bayreuth war er der erste Regisseur nach dem Zweiten Weltkrieg, der nicht Wagner hieß. Das Risiko, Publikum zu verschrecken oder Sänger zu verärgern, war bei Everding-Produktionen gering. Von 1982 bis 1993 war er Generalintendant der Bayerischen Staatstheater, ab 1993 Präsident der von ihm gegründeten Bayerischen Theaterakademie im Prinzregententheater, das er vor dem Verfall rettete. Bis zu seinem Tod war er Präsident des Deutschen Bühnenvereins und der deutschen Sektion des Internationalen Theaterinstituts. Seine Fähigkeit, im Plauderton komplexe ästhetische Sachverhalte zu erklären, bleibt unvergessen.

Jessye Norman am 25. September 2000

Die amerikanische Sopranistin **Jessye Norman** (*1945) singt an vielen großen Opernhäusern und gehört zu den absoluten Weltstars des Gesangs. Ihr erstes festes Engagement bekam sie 1968 an der deutschen Oper Berlin. 1972 debütierte sie als Aida, eine ihrer Glanzrollen, an der Mailänder Scala. Schon zu dieser Zeit profilierte sie sich als eine der bedeutendsten klassischen Liedgestalterinnen ihrer Generation und entdeckte später auch den Jazz für ihr Repertoire. Beim Beethovenfest 2000, das unter dem Motto „Ordnung und Freiheit" stand, war ihr Auftritt einer der Höhepunkte.

Franz Willnauer, Indendant de internationalen Beethovenfeste 1999 - 2003

1845 fand das erste Beethovenfest in Bonn statt. Das 150. Jubiläum fand nicht statt, weil die Stadt das Beethovenfest 1995 aus finanziellen Gründen absagte. Der neu gegründete Verein Bürger für Beethoven sprang in die Bresche und veranstaltete im Dezember 1995 zum 225. Geburtstag Beethovens seinen ersten Beethoven-Marathon, dem 1996 und 1998 zwei weitere folgten. Die Stadt entschloss sich zu einem neuen Konzept für ein jährliches großes Beethovenfest. Erster Intendant der Internationalen Beethovenfeste Bonn wurde der Österreicher **Franz Willnauer** (*1933), der bereits sehr erfolgreich das Schleswig-Holstein Musikfestival geleitet hatte. Mit dem Beethovenfest 1999 begann eine neue Beethoven-Ära in Bonn. Nach fünf Festivals, die zunehmend Publikum aus aller Welt an den Rhein zogen, verabschiedete sich Willnauer 2003. Seine Nachfolgerin ist **Ilona Schmiel**, die zwar das „international" aus dem Namen strich, aber mit viel Fantasie und frischem Wind das Projekt Beethovenstadt Bonn zu einer konkreten Utopie macht.

Verzeichnis der abgebildeten Personen